AF310364

NOTICE FRICTIONNIQUE.

NOTICE

FRICTIONNIQUE,

HYGIÉNIQUE ET MACROBIOTATIQUE,

Industrielle et Philanthropique, Agricole et Religieuse,

suivie de l'extrait d'un Appendice qui sera publié plus tard;

ŒUVRE DE L'OCTOGÉNAIRE

SAINT-LANNE-PESSALIER,

Ancien magistrat judiciaire colonial, naguère avocat-avoué et agriculteur
à Mirande (Gers);

Ancien membre de l'Administration municipale de la même ville,
aujourd'hui sans profession;

membre de l'Académie de l'industrie agricole française;
breveté pour diverses inventions;
lauréat de la Société centrale et impériale d'Agriculture, avec
médaille d'or aux trois effigies;
auteur d'une Méthode synoptique pour simplifier
les débats judiciaires et hâter le jugement des procès;
auteur encore de divers petits ouvrages
énumérés dans son prospectus hygiénique et macrobiotatique,
imprimé en 1853. etc., etc.

Les frictions sèches ou simples, faites avec des
brosses confectionnées à l'avenant, sont au corps
de l'homme ce qu'est à son moral la Confession
catholique.—Et toutes ces puissances, les frictions
et la confession catholique, sont prophilactiques
et analeptiques, c'est-à-dire préservatives et curatives.

(UN VRAI ET FIDÈLE CROYANT.)

SE TROUVE

CHEZ M. FARRÉ LE CARÉ, — A L'IMPRIMERIE DE MIRANDE — (GERS).

1866

AVANT-PROPOS.

La vie de l'homme, dans le monde terrestre, est de si courte durée, que tout mortel, qui veut payer son tribut à son créateur et à la société, doit chercher à remplir sa tâche le plus promptement possible.

Pour mon compte, malgré certaines déceptions et maintes contradictions, j'ai travaillé pour remplir la mienne, parce que je sais que l'homme est né pour le travail; et grâce à la mise en pratique de mon hygiène macrobiotatique, hygiène pour le maintien de la santé et la longévité humaine, et malgré mes *quatre-vingts ans d'âge,* je me trouve sans infirmités, sinon que je suis menacé, depuis quelque temps, d'une cécité presque complète, et sans autre changement de position corporelle que l'affaiblissement fonctionnel de quelques organes, et la destruction plus ou moins sensible de certains crans du mécanisme dont je suis constitué.

.Et quoique j'aie un pied dans la tombe, je ne cesserai point de travailler tant que je pourrai (*).

.La félicité de ce monde est toujours exposée aux vicissitudes humaines, et, pour comble de malheur, il faut que le grain meure en terre avant de germer; aussi, l'inventeur d'un objet ne jouit-il presque jamais du fruit de son invention.

Le plaisir de la satire ne m'a point mis la plume à la main : c'est uniquement le bon-vouloir d'être utile à mes contemporains, et à ceux qui viendront après moi, qui m'a porté à faire connaître certains de mes travaux et certains de ceux de plusieurs hommes vivants, ou qui ne sont plus. Ce qui est utile à la généralité des hommes doit être approuvé par tout le monde (**).

Cet opuscule, qualifié Notice frictionnique, et, pardessus tout, fortement hygiénique, est le résumé de mes opérations humaines. Il contient une communication hygiététique et macrobiotatique, industrielle, et philanthropique, agricole et religieuse;

Communication, encore, d'une hygiène qui, après avoir contribué au maintien de la santé et à la prolongation de la vie humaine, fera

(*) *Etsi alterum pedem in tumulo haberem, nec me dediscere pudebit.* (MARTIAL.)

(**) *Quod omnes tangit ab omnibus approbari debet.* (PAULUS.)

cesser de vivre, presque sans souffrir. Ce dernier résultat sera produit par l'affaiblissement de tous les principes vitaux qu'amène sur tout être qui vit l'usure de tous ses organes physiques ou corporels, et l'extrême vieillesse;

Et, enfin, communication d'une hygiène qui donne journellement à chaque mortel, quelle que soit sa croyance religieuse, l'idée et l'occasion d'implorer le secours de son Créateur, soit pour la vie présente, soit pour celle à venir.

D'après l'épigraphe du prospectus hygiénique et macrobiotatique, prospectus publié en 1853 par l'auteur du présent opuscule, les frictions sèches ou simples, faites avec des brosses confectionnées à l'occurence ou à l'avenant, sont au corps de l'homme, dans certains cas, ce que sont la vapeur et les matières graisseuses aux machines des mécaniques en général.

Et de même que la vapeur et le graissage des rouages font mouvoir avec facilité les machines des mécaniques, de même aussi les frictions donnent de l'énergie et de la vigueur au corps de l'homme pour se mouvoir.

Les frictions sèches ou simples, faites sur le système cutané, produisent des excitations très-vives dans l'économie animale.

Le *massage* des Indiens, des Perses, des Grecs et des Romains, rend en quelques instants à un corps épuisé toute sa vigueur (*).

La flagellation, l'impression d'un froid vif, ou d'une grande chaleur, influencent sympathiquement toute la constitution.

Les excitations forcées donnent de l'énergie au corps de l'homme, qui, pour ainsi dire, manque de vie : l'entretien de l'extérieur d'une maison consolide l'intérieur du bâtiment.

Les transpirations naturelles améliorent la condition de l'homme qui souffre.

A défaut de transpirations naturelles, il faut en provoquer d'artificielles ou forcées.

Les frictions sèches ou simples ouvrent les pores : l'ouverture des pores donne passage aux humeurs; le mouvement des humeurs dégage l'intérieur du corps de l'homme qui souffre, et ce résultat guérit ou soulage du moins l'homme souffrant.

En résumé, les frictions *sèches* ou *simples,* les frictions faites sur le corps de l'homme et sur tous les êtres animés, sont, si l'on peut s'exprimer ainsi, un remède universel, comme le feront connaître les documents et les exemples qui suivent.

A l'appui de ce que j'avance, je rappellerai que certains hommes bien remarquables du vieux temps, et surtout dans la science médicale, ont toujours prôné les frictions sèches ou simples; qu'elles furent surtout

(*) Voyez le *Dictionnaire des sciences médicales françaises,* p. ....

recommandées par le célèbre *Asclépiade*, médecin de Pruse en Bythinie, qui faisait dépendre de leur mise en pratique la conservation de la santé.

Grand nombre d'autres célébrités du vieux temps, et même du temps moderne, ont encore tenu le même langage.

Asclépiade, voulant prouver ce qu'il avançait sur les bons effets des frictions, fit gageure de n'être jamais malade; il la gagna, et mourut d'une chute, dans un âge avancé, l'an 96 avant Jésus-Christ.

Pour être édifié sur ces faits, on peut voir, entre autres documents, le *Dictionnaire de Feller*, tom. 1er, pag. 245;

Le *Dictionnaire de l'Encyclopédie pittoresque*, par une société de savants et de littérateurs;

Le *Dictionnaire historique, poétique, géographique et chronologique*. (Tous verbo *Asclépiade*);

Le *Dictionnaire des sciences médicales françaises* (verbo *frictions* et *hygiène*);

Les *OEuvres d'un bourgeois de Paris*, par le docteur VÉRON, tom. 1er, pag. 113;

Les *Lettres de Madame du Deffant*, vol. 3, pag. 21, Lettre 175, écrite à Horace Walpoole;

Et, enfin, l'ouvrage ayant pour titre : *Un million de faits* (verbo *hygiène*), ainsi que les écrits des nombreux auteurs énumérés dans le prospectus que j'ai fait imprimer sur l'hygiène, au sujet de mon brevet d'invention de l'année 1853, pag. 25, incluse la 33e.

Le prospectus, dont sont extraits partie des quelques mots ci-dessus rappelés, fait connaître grand nombre des bons effets qu'ont produit et que peuvent produire les *frictions sèches* ou *simples, frictions* faites sur le corps de l'homme; et particulièrement le même prospectus rappelle le bien qu'elles ont amené, pendant plusieurs années que l'*octogénaire* Saint-Lanne-Pessalier, son auteur, les a mises en pratique; période pendant laquelle il n'a *jamais eu* ni *rhûme*, ni *douleurs*, ni *fluxion de poitrine*, ni *maux de tête*, ni *maux de dents*.

Les frictions sèches ou simples, faites en temps opportun avec les brosses hygiététiques et macrobiotatiques ci-dessus, produisent des effets:

1° *Diurétiques :* facilitent les urines.

2° *Prophylactiques :* préservent de bien de maux.

3° *Analeptiques :* les guérissent au besoin.

4° *Macrobiotatiques :* maintiennent la santé et prolongent la vie humaine.

5° *Digestifs :* aident la digestion.

6° *Locomotifs :* donnent de l'énergie pour se mouvoir.

7° *Soporatifs :* disposent au sommeil.

8° *Appéritifs :* ouvrent l'appétit.

Ces brosses fonctionnent à *quatre forces différentes*, ainsi que le fait connaître mon prospectus hygiénique (imprimé en 1853), qui doit accompagner mes brosses à frictions.

Les brosses dont s'agit peuvent servir, avec succès, pour faire les
frictions nécessaires dans les dyspnées, les névroses, les congestions,
les migraines, les suppressions mensuelles, les maux de nerfs, des
muscles, et dans le cas de peste, fièvre jaune, choléra, paralysie, apoplexie, obésité, crétinisme, rhumatisme, rhume invétéré, névralgie,
douleurs rhumatismales, maladie du foie, engorgement et empâtement
de certaines parties du corps, et une infinité de cas énumérés dans le
prospectus de l'établissement hydrothérapique de *Divonne* (Ain), ainsi
que certains autres cas rappelés dans l'annonce du journal *la Presse*
du 13 mars 1858, ayant pour titre : *Gant-éponge*.

Ces brosses peuvent encore servir très-avantageusement pour faire
des frictions dans certains climats *mal sains*, et encore, avec succès,
pour se mettre en garde contre une température froide et humide, en
donnant à la peau le moyen d'une réaction salutaire, etc.

Pour obtenir les résultats désirés, j'ai cherché à faire mettre cette
hygiène en pratique, parce qu'il n'y a rien d'aussi triste, dans le monde
terrestre, que de posséder une santé frêle et débile, et de quitter la terre
qui nous a vus naître, alors que l'âge nous permettrait d'y rester encore,
et sans infirmité aucune, peut-être, si journellement, ou bien très-souvent, nous faisions usage des frictions rappelées.

La santé, disent les nombreux auteurs qui jadis ont écrit sur cette
matière, la santé ne se soutient que par la libre circulation du sang et
la juste répartition des humeurs et des forces; tout ce qui y fait obstacle
dérange l'économie animale et produit des aberrations dans les organes;
tout ce qui favorise la régularité et l'harmonie de celles-ci, en maintenant un juste équilibre dans les principaux foyers de la sensibilité, établit par là même la santé. — Tel est l'effet que produisent les *frictions
sèches* ou *simples*, les frictions faites sur le corps de l'homme.

La santé peut donc se définir l'exercice régulier de toutes nos fonctions.

La santé, disent nos livres saints, est la plus grande et la première
des richesses : *Non est census super censum salutis corporis*. (Ecclésiaste, chap. xxx.)

Sans la santé, en effet, que sont les autres biens de la vie? Mais trop
souvent on ne l'apprécie qu'après l'avoir perdue.

La vie, dit Martial, consiste moins à vivre qu'à jouir d'une bonne
santé : *Non est vivere sed valere vita*.

L'hygiène, c'est-à-dire cette partie de la médecine qui a pour but essentiel la conservation de la santé, doit donc journellement occuper
l'homme sur la terre, parce que sans elle il est incapable de rien faire ni
de rien produire.

En thèse générale, deux sortes d'événements très-distincts, les uns
parfois positifs, et les autres négatifs, forment ici-bas la chaîne de nos

destinées : les uns, en réagissant sur nous, émanent du domaine des choses; dans une certaine mesure, il nous est permis de les modifier par nos soins et nos prévoyances.

Ainsi, un changement subit de température est-il venu altérer la santé d'un enfant ou d'un père de famille? une mère attentive, en rétablissant une température interceptée; un médecin, en déplaçant avec habileté l'irritation, pourront prolonger les jours d'un être chéri : voilà pour les résultats positifs ou les bons effets d'une transpiration forcée. Mais si, après avoir fourni la carrière marquée par le Tout-Puissant et profité des effets que produisent les frictions sèches ou simples, frictions faites sur le corps de l'homme, un vieillard, décrépit et cassé, cherchait à reculer son existence, ses vœux seraient dépourvus de raison : l'art d'un Esculape, appelé à le secourir, échouerait complètement, parce qu'il faut que les lois universelles s'accomplissent : la mort est la conséquence de la vie. Voilà pour les résultats négatifs ou l'inefficacité de la transpiration forcée.

Voyez mon prospectus hygiénique rappelé pour le conseil qui est donné à l'homme qui souffre, de faire appeler son médecin le plus promptement possible, sans préjudice, en attendant, de mettre en pratique l'aphorisme de l'Ecole de Salerne, ainsi conçu :

Si tibi deficiant medici,
Medici tibi fiant hæc tria
Mens hilaris, requies moderata
et dieta.

Voyez aussi le Pileur d'Appligny (*verbo* MÉDECINE), et encore mon prospectus hygiénique qui doit accompagner les brosses à frictions sèches ou simples, pag. 10, incluse la 37e ;

Le *Dictionnaire des sciences médicales françaises,* verbo *frictions et hygiène,* ainsi que l'*Hygiène* ou *l'Art de conserver la santé,* par une société de médecine, où l'on trouve l'analyse des leçons du savant HALLÉ, médecin de Sa Majesté Impériale, membre de l'Institut et professeur à l'Ecole de Médecine de Paris, édition de 1806 ;

Voyez enfin le journal *le Siècle* du 26 septembre 1861, où se trouve une annonce qui fait connaître les effets des frictions faites avec la *Brosse Wolta électrique.*

On peut encore voir une infinité d'opinions qui, toutes, prouvent qu'il n'est rien de si salutaire à l'homme que l'usage des frictions.

Le lecteur qui voudra connaître divers cas d'hygiène *iatraleptique* contre certains empoisonnements très-fréquents dans la société de la vie humaine, pourra prendre connaissance du prospectus ci-dessus rappelé, p. 10 et suivantes, incluse la 37e, prospectus imprimé en 1853.

Les frictions *iatraleptiques* ou *médicamenteuses* ne sont pas celles dont s'occupe l'auteur de cette brochure; la mise en pratique de ces frictions rentre dans le domaine de la haute et très-haute médecine.... Et encore n'y a-t-il que du conjectural dans la plupart de ses opérations; car grand nombre de médecins sont encore à se demander quelle est la proportion qui doit exister pour produire le même effet entre la dose du remède administré intérieurement par les voies ordinaires, l'estomac et les frictions extérieures, sèches ou simples.

Cependant, plusieurs médecins ont pensé que cette proportion est de *un* à *onze*.

Prunelle tient le même langage. L'impossibilité de déterminer rigoureusement ces doses est l'une des grandes imperfections de la méthode iatraleptique.

Le lecteur qui voudra connaître diverses particularités qui se rattachent à la génération de l'espèce humaine, à la vie et à la mort de l'homme en général, pourra voir BACON, traduction *Baudoin*, p. 165, 166, 383, 384 et 385.

PARAGRAPHE PREMIER.

Parmi les sujets qui plus particulièrement ont fixé mon attention dans le cours de ma longue carrière, je me suis occupé :

1° De certaines opérations agricoles, parce que je sais qu'il faut faire produire pour vivre, et que d'ailleurs l'homme est né pour le travail.

Pour des opérations me concernant, *voyez* le rapport de M. Payen, secrétaire perpétuel de la Société centrale et impériale d'agriculture de Paris (séance du 11 avril 1847), alors que cette société me décerna une médaille d'or aux trois effigies, articles rappelés dans l'appendice ci-après n° 2.

Voyez aussi le tableau des objets par moi présentés à l'exposition générale de Bordeaux en 1859, ainsi que les numéros de deux journaux de la même ville, sous la date des 1ᵉʳ septembre 1859 (*Mémorial bordelais*), — et 22 et 25 septembre, même année (*Bulletin de l'exposition bordelaise*), numéro 1150, dans l'ordre des vitrines des exposants.

2° Je me suis occupé d'un mode de *mastication*, pour donner aux hommes qui ont les dents et la bouche en mauvais état, le moyen de manger assez facilement.

Voyez ma petite brochure imprimée à ces fins.

3° Postérieurement, je me suis préoccupé de la position des hommes malades, position inséparable de notre existence, et j'ai cherché à faire connaître à leurs surveillants ou infirmiers, mais taxativement avec le secours et le langage de la science, le moyen de les fixer sur l'état fiévreux des malades confiés à leur garde, et celui de distinguer le genre de fièvre dont ces malades seront affligés.

Dans cette vue, j'ai fait imprimer une petite brochure qui n'est autre chose qu'une copie, par extrait, d'un ouvrage du célèbre Helvétius, médecin de *Flandre,* ouvrage qui, à cause de son importance et de son utilité réelle, a été traduit en diverses langues, à une époque qui remonte à plus d'un siècle. Cet ouvrage devrait être connu, et même expliqué à leurs élèves, par tous les hommes qui s'occupent d'instruction publique ou privée. — J'ai fait imprimer, par extrait, cette même brochure, et je puis assurer que dans cet opuscule de *meo nihil apposui,* je n'y ai rien mis du mien. — (*Voyez* cette brochure.)

4° Dans un autre temps, prenant l'homme dans l'état de société, je me suis occupé de la conservation de la fortune lui advenant des colonies ou des pays étrangers.

Pour amener ce résultat, j'ait fait imprimer une petite brochure ayant pour titre : *Des successions ouvertes dans les colonies et pays étrangers avec lesquels la France est en rapports diplomatiques.*

Cette communication faite au roi Louis-Philippe, je fus nommé magistrat judiciaire dans les Antilles en 1840. (*Voyez* le journal *le Mirandais* (année 1840), qui fait connaître certaines particularités qui accompagnent cette nomination.)

Par suite de maladie locale, et en vertu d'un congé de convalescence à moi délivré par le gouverneur de la Guadeloupe le 5 août 1842, je rentrai en France en décembre suivant.

Peu de temps après, j'ai fait imprimer un *Recueil des lois françaises,* à partir de l'année 420; j'ai même publié ce travail jusqu'en 987, période du règne des Mérovingiens et des Carlovingiens.

Plus tard, j'ai continué ce travail jusqu'en 1308. Sans tarder, il sera mis sous presse. J'ai le projet de le continuer, si mon séjour sur cette terre d'exil se prolonge suffisamment.

Je dis terre d'exil, car un écrivain, NAM, a dit que « la vie de
» ce monde est un exil, et la mort un retour. »

Voyez ma brochure rappelée sur les successions vacantes,
et, en outre, la dernière feuille de mon Recueil chronologique des lois françaises, qui fera connaître grand nombre d'autres objets dont je me suis occupé en deçà comme en delà des
mers ;

Voyez aussi ma profession de foi de 1849, ayant pour titre
(sous la forme d'une lettre écrite au rédacteur du Journal du
Gers) : « Seconde profession de foi, publiée ou communiquée
par M⁰ Saint-Lanne-Pessalier », auteur du présent opuscule.

5° En 1848, j'eus l'idée de la conservation de la vue de
l'homme qui travaille pendant la nuit ; et, après avoir pris un
brevet d'invention pour la fabrication d'un *chandelier à ressort*
et d'un *éteignoir adhérent* et séparé des *mouchettes*, je fis fa-
briquer :

1° Un *paraflamme* qui, placé sur le chandelier dont s'agit,
augmente la force des rayons visuels, adoucit l'effet de la lumière, et cache aux malades et aux petits enfants, à volonté, la
vue de la flamme qui éclaire l'appartement qu'ils occupent. Cet
appareil empêche les enfants en bas âge d'avoir la vue ni con-
vergente ni divergente, et les malades d'être fatigués ni dérangés
par la vue de la lumière ;

2° Un *tube*, en forme de lanterne, pour être facilement placé
sur le chandelier à ressort, pour éviter, et rendre même presque
impossibles divers cas d'incendie, en circulant dans l'intérieur
des habitations ou au milieu des matières les plus inflammables ;

3° Un *éteignoir adhérent* et séparé des mouchettes, avec le-
quel on éteint successivement, et sans repos aucun, plusieurs
chandelles, sans laisser paraître vestige de fumée.

Voilà pour la partie industrielle.

6° En 1854, lorsque les journaux français nous apprenaient la
déplorable position de nos soldats en Crimée, j'écrivis à Sa Majesté l'EMPEREUR, pour lui offrir mes brosses hygiéniques et ma—

crobiotatiques, afin de rendre moins fâcheux et plus supportable
le séjour des soldats français en Russie.

Je fis cette démarche, convaincu que j'étais que l'observance
de mon hygiène pourrait être utile.

Ma lettre à l'Empereur était accompagnée d'une de mes brosses
hygiéniques et macrobiotatiques, brosse qui fut, par Sa Majesté,
renvoyée à S. Exc. M. le minstre de la guerre, avec ma lettre, comme
le tout rentrant dans ses attributions. Dans cette missive, je disais
à Napoléon III que ma brosse devait servir pour faire des frictions non seulement pour prévenir les maladies des soldats, mais
encore pour les soulager, les guérir même.

Ma brosse parvenue à cette dernière destination, M. le ministre
de la guerre m'écrivit pour me remercier de mon idée philanthropique, en me disant que dans les hôpitaux et les ambulances
les médecins de l'armée se servaient de brosses pour soulager
les soldats malades confiés à leur garde. Ce langage me fit croire
que ma lettre d'envoi n'avait pas été comprise, puisque, dans
l'entente de M. le ministre de la guerre, ma brosse ne devait
servir que pour guérir les soldats malades, les soldats qui étaient
dans les ambulances et dans les hôpitaux; tandis que moi j'au-
rais voulu employer les frictions, d'abord comme moyen prophilactique ou préservatif, et ensuite comme moyen analeptique ou
curatif.

Je le désirais ainsi, tant j'étais pénétré de ce principe pro-
clamé en droit par les lois romaines (*la raison écrite*), : Qu'il
vaut beaucoup mieux ne pas être malade que d'employer le spé-
cifique après l'apparition de la maladie pour la guérir.

*Melius est nuncquam fuisse vulneratum, quam post vulneratum esse
remedium appronere.*

(*Voyez* la lettre du ministre de la guerre, du 29 mars 1854.)

7° En 1859, et lorsque les journaux de l'empire français nous
apprenaient que nos soldats de l'armée d'Italie étaient aussi mal-
heureux (à cause du mauvais site des lieux et de l'intempérie des
saisons) que ceux qui avaient illustré l'armée de Crimée en 1854,

j'eus l'honneur d'adresser une seconde brosse macrobiotatique
et d'écrire, le 2 juin 1859, à Sa Majesté l'Impératrice, alors ré-
gente de France, pour lui faire un pareil envoi que celui que
j'avais fait à Sa Majesté l'Empereur le 8 décembre 1854.

Comme celui de cette dernière époque, mon envoi de 1859
fut renvoyé à S. Exc. M. le ministre de la guerre ; mais, cette
fois, ma lettre à Sa Majesté l'Impératrice fut mieux comprise que
celle adressée à Sa Majesté l'Empereur en 1854.

Son Excellence M. le ministre de la guerre, répondant à ma
lettre du 2 juin 1859, reconnaît que ma brosse hygiénique et
macrobiotatique peut et doit servir pour faire des frictions qui
sont à la fois profilactiques ou préventives, et analeptiques ou
curatives. Sa lettre du 20 juin 1859 est ainsi conçue :

« Paris, le 20 juin 1859.

» Monsieur,

» Il m'a été transmis du secrétariat de Sa Majesté l'impératrice
» une lettre du 2 courant, par laquelle, à l'occasion de la guerre
» d'Italie, vous renouvelez l'offre déjà faite par votre lettre du
» 8 décembre 1854, adressée à Sa Majesté l'Empereur, de vos
» brosses hygiéniques.

» Dans toutes les circonstances où les frictions appliquées à
» titre de moyen prophilactique, ou comme agent curatif, sont
» jugées devoir être utiles dans le service médical de l'armée,
» les médecins militaires, auxquels incombe la mission de veiller
» à la santé et à l'hygiène du soldat, n'omettent jamais d'y re-
» courir ; et cette pratique s'exerce sous de nombreuses formes,
» parmi lesquelles figure l'emploi d'*une brosse* analogue à celle
» dont *vous êtes l'*inventeur, et qui satisfait de tous points aux
» diverses indications.

» Je ne puis donc, Monsieur, tout en vous remerciant du sen-
» timent qui inspire votre honorable insistance, obtempérer à vos
» desirs.

» J'ai l'honneur de vous saluer.

» Pour le ministre et par son ordre :
» *Le conseiller d'État, directeur de l'administration,*
» Darricau (*signé*). »

Le contexte de cette lettre est la meilleure preuve que l'inventeur de la brosse frictionnique, hygiénique et macrobiotatique puisse produire pour en justifier le mérite.

Aussi, l'auteur du présent opuscule se borne-t-il au silence pour ne pas affaiblir l'effet de la démonstration rappelée, et que contient au plus haut degré la lettre de S. Exc. le ministre de la guerre, sous la date du 20 juin 1859. Toutefois, l'inventeur de la brosse frictionnique, hygiénique et macrobiotatique ose espérer qu'instruit de cette particularité, Sa Majesté l'Empereur Napoléon III daignera faire quelque chose en faveur de l'auteur de la présente brochure, auteur *octogénaire et à la veille d'une cécité complète,* auteur qui, dans cette circonstance comme dans beaucoup d'autres, a toujours été animé plutôt par un sentiment philanthropique que par tout motif d'intérêt pécuniaire.

8° Plus tard, en novembre 1859, toujours préoccupé des mêmes sentiments *hygiéniques* et *philanthropiques*, j'ai envoyé une troisième brosse pour venir au secours des soldats français qui devaient s'acheminer vers la Chine, avec ceux de la Grande-Bretagne, pour combattre contre les troupes barbares du *Céleste Empire.* Non loin de là, j'ai écrit pour le même objet à Sa Majesté la reine d'Angleterre. — Des renseignements m'ont été demandés.

PARAGRAPHE DEUX.

Postérieurement, et après avoir traité divers sujets se rattachant à la *matière*, c'est-à-dire à l'état physique et matériel de l'homme, je me suis préoccupé d'un devoir spirituel, d'un devoir religieux, d'un devoir que doit remplir l'homme de toutes les classes, de tous les pays, de tous les âges, de toutes les conditions et de toutes les croyances.

Ce devoir consiste à prier le Tout-Puissant de nous venir en aide pour le temps futur et le remercier des biens qu'il nous a départis par le temps passé; pour lui demander de maintenir notre santé, de prolonger notre vie terrestre et de nous accorder, après notre mort, la félicité céleste.

Je me suis encore préoccupé du moyen de procurer à l'homme l'occasion de faire cette prière, et je crois avoir trouvé ce moyen dans le temps employé pour faire les frictions indiquées, frictions qui peuvent et doivent être faites le matin, avant de quitter le lit, et même le soir avant de se coucher, si les frictions sont faites deux fois le jour.

Je dis que je crois avoir trouvé le moyen de procurer à l'homme l'occasion de faire cette prière, parce que, s'occupant des frictions pour obtenir le maintien de la santé et la longévité humaine, l'idée de demander au Tout-Puissant ce désirable résultat devra nécessairement amener l'idée et le devoir de la prière.

En logique, disent les dialectitiens ecclésiastiques, la prière est à l'âme ce qu'est la nourriture au corps de l'homme.

La prière est un hommage que Dieu demande, qu'il mérite et qu'il accepte, n'importe son peu d'étendue, comme le dit dans ses Lettres le pape Ganganelli (Clément XIV).

Tout le culte que nous rendons à Dieu, a dit un judicieux et savant ecclésiastique, l'abbé MATHIEU, dans le devoir du sacerdoce, l'abbé Mathieu, aujourd'hui archevêque de Besançon, sénateur et cardinal, ce culte est presque renfermé dans le saint exercice de la prière ; il n'est point d'acte de pratique religieuse que la prière ne relève, qu'elle ne consacre, qu'elle ne sanctifie.

La prière est un hommage que nous rendons au Créateur lorsque, prosternés en sa présence, nous adorons sa majesté, nous reconnaissons sa grandeur et notre néant, sa puissance et notre faiblesse, son abondance et notre pauvreté, sa sainteté et notre corruption.

La prière est enfin un hommage que nous rendons à Dieu lorsque nous implorons son secours, soit pour la vie présente, soit pour celle à venir.

La vie de l'homme dans cette terre d'exil passe comme l'herbe qui pousse dans les champs : un vent souffle, elle se sèche et il n'en reste plus de trace, même sur le lieu qui l'avait vue naître (*).

Aussi, que reste-t-il de ces grands noms qui, autrefois, ont joué un rôle si brillant dans l'univers ? ils ont paru un seul instant et disparu pour toujours (**).

Tout ce qui plaît dans ce monde amuse le cœur et ne le satisfait pas ; la gloire et les plaisirs ne piquent presque que dans le moment qui les précède ; et lors même qu'on pourrait se promettre la possession d'une fortune paisible, ce ne serait qu'une vapeur dont un instant décide et qu'on voit naître, s'épaissir, monter, s'étendre et s'évanouir dans un moment (***).

SAINT-RÉAL a dit que l'égalité que la mort met entre tous les

(*) Psaume de David.

(**) Bourdaloue.

(***) Massillon.

hommes, serait capable de réprimer la vanité des grands, s'ils se donnaient la peine de réfléchir sur un sujet aussi triste.

MONTAIGNE nous avertit qu'il faut être toujours botté et prêt à partir, en tant qu'en nous est, et surtout se garder qu'on n'ait lors à faire qu'à soi, car nous y avons assez de besogne sans surcroit.

VOLTAIRE nous enseigne qu'il est très-commun de ne pas désirer la mort, mais qu'il est très-rare de ne la pas craindre.

SAINT-EVREMONT dit que la meilleure de toutes les raisons pour se résoudre à la mort, c'est qu'on ne saurait l'éviter; et il ajoute que la philosophie nous donne bien la force d'en dissimuler le sentiment, mais qu'elle ne l'ôte pas.

BACON proclame qu'il n'est rien de plus doux que la mort, quand une vie innocente l'a devancée; il ajoute que la religion y apporte de la confiance pour les bons et de la crainte pour les méchants.

Et le célèbre FÉNÉLON, archevêque de Cambrai, auteur de l'*Instruction d'un Prince*, a dit qu'il doit en être ainsi, parce que, quoiqu'on ne voie pas ce qu'on croit, on voit clairement qu'il le faut croire.

Il n'y a rien de si contraire à la raison que le désaveu de la raison dans les choses qui sont de foi : si on soumettait tout à la raison, notre religion n'aurait rien de mystérieux et de surnaturel (*).

Quel bonheur d'aimer la religion et de la voir crue, soutenue, expliquée par de si beaux génies et de si solides esprits, surtout lorsqu'on vient de reconnaître que, pour toute l'étendue des connaissances, pour la profondeur et la pénétration dans les principes de la philosophie, pour leur application et leur développement, pour la justesse des conclusions, pour la beauté de la morale et des sentiments, nous avons eu des hommes qu'on peut comparer à Platon et à Cicéron, et à tout ce qu'il y a de plus grand dans l'antiquité (**)!

(*) Pascal.

(**) La Bruyère.

Tout homme qui croit ce que la religion lui enseigne est, selon la loi, un honnête homme, et est regardé des autres comme tel. Cela me semble être un grand avantage qu'on tire de la foi dans ce monde, quand même il n'y en aurait point d'autre à espérer.

Un homme qui ne croit rien est un monstre de nature, car il vit sans savoir ce qu'il deviendra; dans ce monde-ci, il est privé de la consolation de l'espérance, et dans l'autre il sera confus de la certitude des peines éternelles (*).

Mais un autre motif nous porte à condamner le système de l'incrédulité; il y a plus davantage à croire qu'à tout révoquer en doute : l'intérêt bien compris consiste donc à croire; donc, il faut croire.

La croyance, d'ailleurs, fait le fondement de tous les plaisirs, et le sentiment qu'on en éprouve ne laisse jamais l'homme sans satisfaction dans le bonheur, ni sans consolation dans la misère (**).

Maintenant, que j'ai rappelé brièvement quelques sujets dont je me suis occupé dans le cours de ma carrière octogénaire, je vais terminer cette Notice frictionnique par ces dernier mots.

Humainement parlant, ainsi que PASCAL l'a dit, la vie de ce monde est une véritable comédie : chacun y joue son rôle à sa manière.

Plus tard, en règle générale, on jette un peu de terre sur la tête; et en voilà pour toujours!

Envisagée sous un autre point de vue, et particulièrement sous le rapport religieux, la vie de ce monde et les conséquences qui en sont la suite, devraient constamment préoccuper l'homme sur la terre, parce que, du résultat de ses bonnes ou mauvaises actions, dépend son bonheur ou son malheur éternel.

En définitive, si ce que je dis dans cette Notice frictionnique, hygiététique et macrobiotatique, industrielle et philantropique,

(*) Oxentierna.

(**) Saint-Evremont.

agricole et religieuse (*), peut contribuer à rendre meilleur le sort d'un de mes semblables, et à prolonger la vie d'un mortel de quelques jours seulement, j'aurai obtenu ma récompense, et, à la fin de ma carrière, je jouirai du bonheur dont jouit le bon prêtre mourant, qui, par ses prières, ses exhortations et ses bons exemples, a conduit son troupeau au bonheur éternel, bonheur qu'il sera plus heureux encore d'avoir obtenu s'il peut espérer de le partager avec ceux qui lui devront cette désirable félicité.

En *matière* de *religion*, le bon peuple croit tout; le bourgeois et le bel-esprit raisonnent sur tout, et la croyance des grands reste souvent inconnue.

En dernière analyse, heureux sont les bons et fidèles croyants!

(*) Suivie d'un appendice.

ERRATA.

Au lieu de : « *Notice frictionnique* » (1ʳᵉ page), lisez : NOTICE SUR LES FRICTIONS, si cela vous convient mieux : l'un vaut l'autre.

Et au lieu de ; « *hygiène macrobiotatique* », lisez aussi : MACROBIOTIQUE, parce que le *Dictionnaire de Bescherelle aîné* (grand in-f°, édition de 1846, p. 112, col. 3ᵐᵉ), ne parle que de ce dernier mot, en lui attribuant la même signification que l'auteur du présent opuscule au mot *macrobiotatique,* qui veut dire : « maintenir la santé et prolonger la vie humaine. »

APPENDICE
DE LA NOTICE FRICTIONNIQUE.

L'APPENDICE qui fera suite à la *Notice frictionnique* ci-dessus comprendra :

1° Partie de l'opuscule relatif à la conservation des successions en général, et des successions ouvertes dans les colonies françaises et étrangères, et ensuite dans tous les pays civilisés avec lesquels la France se trouve en rapports diplomatiques ; — opuscule imprimée en 1840, à suite duquel et de la communication qui en fut faite à Sa Majesté le roi Louis-Philippe, son auteur (l'octogénaire Saint-Lanne-Pessalier) fut nommé magistrat udiciaire dans les Antilles.

Plus tard, et non loin de là, le moyen indiqué fut mis en pratique dans les Antilles françaises. (*Voyez* les instructions à ce relatives.)

Et, à une époque postérieure, l'administration de la métropole imita l'administration d'outre-mer. — (*Voyez* la circulaire de M. Féart, préfet du Gers.)

2° COPIE du Rapport fait par le chimiste Payen, secrétaire perpétuel de la Société centrale et impériale d'agriculture de cette même Société, à la date du 11 avril 1847, à suite duquel l'octogénaire Saint-Lanne-Pessalier fut gratifié de la Médaille d'or aux trois effigies dans le concours de la même Société (11 avril rappelé).

A suite duquel se trouvera le Résumé du Mémoire présenté à la même Société par ce lauréat pour le concours de l'année 1848, et concours qui n'eut pas lieu à cause des événements politiques du jour, ainsi qu'il conste de la lettre du même M. Payen, en date du 2 janvier 1849.

3° COPIE d'un fragment de l'article de la *Méthode synoptique pour simplifier les débats judiciaires et hâter le jugement des procès,* méthode synoptique dont est auteur le même Saint-Lanne-Pessalier. (Ouvrage imprimé en 1849.)

4° COPIE d'un article à extraire de la brochure ayant pour titre : *Prospectus hygiénique,* qui doit accompagner les brosses à frictions sèches ou simples; objet d'un brevet d'invention obtenu pour quinze années (le 24 août 1853) par l'auteur du présent opuscule.

5° COPIE d'un Avis imprimé en 1854 pour faire connaître un Mode de Mastication propre à donner aux personnes qui ont les dents et la bouche en mauvais état le moyen de manger assez facilement.

6° COPIE d'un Petit Mot inséré au journal le *Mémorial bordelais* du 1er seprembre 1859, relatif aux objets présentés par l'auteur du présent opuscule à l'exposition bordelaise en 1859.

Et ensuite, d'un autre article inséré dans le Bulletin de la même exposition, sous les dates des 22 et 23 septembre 1859.

Et, enfin, COPIE de plusieurs autres articles qui seront énumérés en temps et lieu, etc., etc.